Amira-Louise Ouardalitou

Lëtzebuergesch richteg schreiwen

Aktualiséiert Oplo

EDITIONS SCHORTGEN

B.P. 367
L-4004 Esch-sur-Alzette
Luxembourg

editions@schortgen.lu
www.editions-schortgen.lu

Cover a Layout: Eglantine Design Graphique - Schortgen*grafic*
Coverzeichnung: Eglantine Design Graphique
Drock: Schortgen*bookprint*

ISBN: 978-2-919792-04-7

„Lëtzebuergesch richteg schreiwen – Elo hu mir den Duerchbléck" riicht sech un all déi, déi schonn ëmmer eis Lëtzebuerger Nationalsprooch richteg schreiwe wollten, awer ni d'Geleeënheet haten d'Grondreegele vun der lëtzebuergescher Schrëftsprooch, déi säit dem Oktober 1975 am Gesetz stinn an am Juli 1999 esou wéi am November 2019 vum ZLS „Zenter fir d'Lëtzebuerger Sprooch" reforméiert gi sinn, op eng einfach Manéier ze léieren. Fir dëst Buch hunn ech Beispiller aus mengem Alldag geholl, fir Iech d'Orthografie méi nozebréngen.

Dir wëllt eis Sprooch schreiwen, mee Dir sidd Iech bei der Schreifweis net sécher – kee Probleem, hei fannt Dir d'Äntwerten op Är wichtegst Froen.

Ech wënschen Iech vill Spaass op der Rees duerch déi verschidde Kapitele vun dësem Buch.

Amira-Louise

Fir all déi Leit, déi mech säit Joren op mengem Wee
bis heihinner begleet hunn a weider begleeden

Iwwerbléck

Vokaler a Konsonanten

Fir den Alldag

Aufgaben

ERKLÄRUNGEN:

- *Vokal:* Gi follgend Buschtawe genannt: a, i, e, o, u.

- *Konsonant*: Ginn all d'Buschtawe genannt, déi kee Vokal sinn.

- *Silb:* Dat ass déi klengsten Eenheet innerhalb vun engem Wuert, déi duerch een oder méi Lauter representéiert ass, wéi Ge dank en. D'Wuert huet 3 Silben.

- *Substantiv:* en Haaptwuert, eng Saach, e Begrëff, e Liewewiesen, e Géigestand, oder änleches.

- *Pronomen:* eng Rei vu Wierder, déi een amplaz vun engem Substantiv benotze kann, mee keen Inhalt hunn ewéi z. B. *deen.*

- *Possessivpronomen: mäin, däin, säin, ...*

- *Adverb:* en Ëmstandswuert wéi *dovunner, bal, vir, ...*

- *Adjektiv:* en Eegeschaftswuert wéi *schéin, houfreg, ...*

- *Interjektioun:* Lautausso wéi *Bä!, A!, O!, ...*

- *Prepositioun:* Verhalenswierder oder Virwierder wéi *ënner, wärend, säit, fir, ab, ...*

- *Konjunktioun:* Dat ass e Wuert, dat zwee Sätz matenee verbënnt wéi *an*.

- *Konjunktiounen, Prepositiounen*, an *Adverbe* verännere sech net an hirer Form.

- *Prefix:* D'Virsilb wéi *be-, ent-, un-, ver-, an-* (akafen)

- *Suffix:* D'Schlusssilb wéi *-ung* (Léisung), *-heet* (Kandheet), *-chen* (Märchen).

- *Diphthong:* Dat ass e Laut, deen aus zwee Vokaler besteet, dofir och Duebellaut genannt wéi < éi >, < au >, < ou >, < ei >, < ie >, ... → Kapitel 3

- *Ennverhäerdung:* Wann aus mëlle Lauter haart Lauter ginn ewéi aus < b > gëtt < p >, < d > gëtt < t >, < w > gëtt < f >.

- *HV :* Haaptvariant

- *NV :* Niewevariant

- *ZLS:* Zenter fir d'Lëtzebuerger Sprooch

- *LOD:* Lëtzebuerger Online Dictionnaire. www.lod.lu

Vokaler
a
Konsonanten

Vokaler

1- LAANGEN ODER KUERZE VOKAL

1.1 Wéini schreiwen ech e laangen a wéini e kuerze Vokal?

Wéini ech e laangen oder kuerze Vokal schreiwen, hänkt vun de Konsonanten of, déi duerno kommen.

- Gëtt de Vokal laang ausgeschwat, sou schreift een entweeder

1 Vokal + 1 Konsonant

oder

2 Vokaler + 2 Konsonanten

- Gëtt de Vokal dogéint kuerz ausgeschwat, dann ass et

1 Vokal + 2 Konsonanten

- 1 Vokal virun 1 Konsonant: **laang**

i	u	o	a
de Viz	d'Bud	den Drot	d'Trap
d'Zil	d'Blus	de Rot	d'Kaz
fir	d'Tut	den Nol	den Dag
vir	krut (kréien)	mof	daf

• 2 Vokaler virun 2 Konsonanten: **laang**

i	u	o	a
fiicht	d'Luucht	d'Strooss	waarm
d'Kiischt	den Duuscht	de Poopst	den Aascht
d'Gesiicht	d'Kuuscht	d'Plooschter	de Gaart
d'Biischt	de Fuuss	d'Sprooch	haart

• 1 Vokal virun 2 Konsonanten: **kuerz**

i	u	o	a
vill	gutt	schonn	datt
d'Lidd	de Mupp	de Potti	de Park
den Tipp	de Kuss	topp	d'Schaff
midd	den Hunneg	d'Nott	d'Mamm

OPPASSEN!

E geleefegt Beispill vun der Vokalreegel:

D'Verb „ootmen" huet am Ufank 2 Vokaler an 2 Konsonanten = < o > gëtt verduebelt, well mir dee Laut laang ausschwätzen.

Et ass awer „hien otemt" mat engem < o >. Béid Variante gi wéinst der Vokalreegel laang ausgeschwat. Dat geschitt bei méi Verben, wéi z. B. molen, zilen, asw. Do ass et just ëmgedréint *molen → moolt, zilen → ziilt.*

• Déi selwecht Reegele gëlle fir d'Vokaler *ü, ä, ö*

	ü	ö	ä
1 V. virun 1 K.	üben	blöd ökumeenesch	Ärem
1 V. virun 2 K.	Resümmee	Östrogeen	Äddi Hänn ufänken
2 V. virun 2 K.	geüübt berüümt	hie fööont	geläämt

D'Interjektiounen *a, o, ä, bä* kréie keen < h > a ginn net verduebelt:

A*, du hues haut fräi!*

O *nee, wierklech?!*

Bä*, dat hunn ech net gär!*

Ä*, dat ass eekeleg!*

Dat selwecht gëllt och fir d'*A* an de *Mo*.

Ausnamen

• De Buschtaf < e > bilt **eng Ausnam**, wéi mir am 2. Kapitel wäerte gesinn.

Weider Ausname sinn:

• **Artikelen**: dem, den, der, dës

• **Negatioun**: net

• **Virsilben**: an–, ëm–, on–, op–, ver–, zer–

• **Pronomen an der 3. Persoun**: em, en, et, him

• **Prepositiounen, Konjunktiounen, Adverben, Pronomen**: an, am, bis, (do)dran, eran, erop, ëmmerhin, es, drop, drun, mam, mat, ob, op, um, un, vum, vun, zum

Friemwierder: Bus, Club, chatten, fit, cool, Zoo

1.2 Zesummegesate Wierder

• **Zesummegesate Wierder gi wéi Eenzelwierder behandelt:** Alstad, Molkëscht, Sakgaass, Laachkris, Zilscheif, Haaptacteur, Rotschlo, Kontrollstatioun, ...

• **Dat selwecht gëllt fir zesummegesate Wierder mat nëmmen engem eegestännege Wuert:** Hammbier, ...

• **De Fouen- s spillt keng Roll bei der Vokalreegel an déngt dozou d'Ussprooch ze erliichteren:** Bürosstull, Staatsaffär, Autosdier, Fussballsprofi (oder d'Haaptvariant: Fussballsproffi), Stereosanlag, Entréesbilljee, Automobilsclub

1.3 Prefix a Suffix

• **E Prefix** (den Ufank vum Wuert) **an/oder e Suffix** (de Schluss vum Wuert) **gëtt als eegestännegen Deel ugesinn**:

• **Laang ausgeschwat**

üblech kritt nëmmen 1 ü! (op Grond vun dem Suffix -lech)

ge**üü**bt kritt 2 ü! (op Grond vun den 2 Konsonanten nom < ü > a well et net op -lech endegt)

• Prefixen: *do–*, *no–*, *of–*, *vir–*, an *ur–* = laang ausgeschwat

• Prefixen: *a(n)–*, *in–*, *on–*, *op–*, an *u(n)–* = kuerz ausgeschwat

• Weider Beispiller mat den heefegste Prefixen a Suffixen

Prefix		Suffix	
do-	dobehalen	-chen	Märchen
no-	nodenken	-bar	onberechenbar
of-	ofmellen	-haft	dauerhaft
vir-	virschaffen	-lech	statlech
ur-	ural (ganz al)	-lecht	nämmlecht
		-lek	Päiperlek
		-ling	Libling
		-los	hoffnungslos
		-nes/-nis	Erliefnes
		-sam	gemeinsam
		-schaft	Leidenschaft

• De Vokal am Suffix gëtt verduebelt, wann en eng Endung bäikritt, a gëtt dee Moment laang ausgeschwat.

-al	banal – banaalt, kal – kaalt, digital – digitaalt
-am	gedam – gedaamt (vereelzt: gedëlleg) infam- infaamt
-an	spontan – spontaant
-än	souverän – souveräänt
-ar	elementar – elemantaart, rar – raart

-at	adäquat – adäquaat
-av	brav – braavt
-bar	éierbar – éierbaart, ondankbar – ondankbaart
-id	paranoid – paranoiidst, stupid- stupiidst
-im	intim – intiimt
-in	feminin – feminiint
-is	prezis – preziist
-iv	abusiv – abusiivt, aktiv – aktiivt, naiv –naiivt
-log	analog – analoogt
-los	aarbechtslos – aarbechtsloosst, fassungslos – fassungsloosst
-ös	seriös – seriööst
-sam	gemeinsam – gemeinsaamt
-ut	akut – akuutst

OPPASSEN! verduebelt a kuerz ausgeschwat ass follgend Beispill:
fit: eng **fit** Fra, e **fitten** Typ

2- DE BUSCHTAF < E > A SENG TICKEN

2.1 Den Duebel - „e" < ee >

Déi reforméiert Orthografie vum ZLS wëll méi een eenheetlecht lëtzebuergescht Schrëftbild. Aus deem Grond ginn et am Lëtzebuerger Dictionnaire eng Haapt- an eng Niewevariant. Dat Wuert *Probleem* gëtt jee no Aussprooch *Probleem* (Haaptvariant) oder *Problem* (Niewevariant) geschriwwen. Aner Beispiller: *Treema* (HV) oder *Trema* (NV), *eeben* (HV) oder *eben* (NV), *entweeder* (HV) oder *entweder* (NV), *weesentlech* (HV) oder *wesentlech* (NV), asw.

Gëtt de Buschtaf < e > laang ausgeschwat a betount, da gëtt en an der Reegel och als Duebel–„e" < ee > geschriwwen, wéi z. B. bei *Hamsterkeef*, *Bescheed*, *Keelt, Reegel, Meedchen, Geescht, Kleeschen, Feescht, een, Eekel, Peegel, Ee, jee, Freed, Kannapee, Kolleeg, bequeem, Been, Beweegung*, asw.

Wann den < e > net méi betount gëtt, da gëtt den < e > net verduebelt.
Beispill: kollegial

OPPASSEN! Ech hunn e Kolleeg.

Lännernimm bleiwen an hirer Grondform bestoen: Chile, Schweden, Tunesien, Armenien, Norwegen.

OPPASSEN!

Ofleedunge vu Lännernimm, *hir Awunner an Adjektiver,* kréien een duebelen „ee" Chileen – Chileenin – chileeneesch, Schweed – Schweedin – schweedesch, Tuneesier – Tuneesierin – tuneesech, Armeenier – Armeenierin – armeenesch, Chinees – Chineesin –

chineesesch, Italieener – Italieneerin – italieenesch – Nepalees, Nepaleesin, nepaleesesch.

Ausnamen

- Alphabet, Februar, Medien, Meter, Demograf, Helium, Neon, Algebra
- Friemwierder mat de Prefixen:
  - demo-: demografesch
  - meteo-: Meteorolog
  - pre-: prezis
  - ego-: Egoist
  - dezi-: Deziliter
  - stereo-: Stereosanlag
  - re-: Rea
  - steno-: Stenograf
  - theo-: Theolog
  - xeno-: xenophob
  - meta-: Metabolismus
  - mega-: Megafon
  - neo-: Neonsluucht
  - peri-: Perimeter
  - de-: Delai
  - ped-: pedagogesch
- Bei de Suffixen:
  - -ped: Orthoped
  - - us: Tetanus
  - -um: Evangelium

2.2 Den „e" mat Treema < ë >

Den < ë > gëtt ëmmer da geschriwwen, wa mir d'Silb betounen: *Kënn, ëm (= ronder**ëm**), fënnef, dës, kënneg, ënnen, Ënn, Mënsch, Lëtzebuerg, ëmmer, hëllefen, nërdlech, Lëtzebuergesch, besëtzen, ëffentlech, Bevëlkerung, ëfters.*

Ausnamen

net, ze, den, dem, der, em, en, er, et, es
awer: dës, dësen, dëst

Prefix:

- be- belounen
- ge-: geiert (sech iren)
- ge-: geeicht (eichen)

Ausnamen

E weidere Punkt, wou den < ë > zum Asaz kënnt, ass, wann duerch e Prefix, e Suffix oder am Wuert dräi **eeë**n openeentreffen. Doweinst ass et „g**ëee**gent", an net „geeegent", an et ass „l**eeë**n", an net „leeen". Mir l**eeë**n eis op déi zwee Kannap**eeë**n. Ech fr**eeë** mech Iech bei Gel**eeë**nheet kennen ze léieren.

Wierder, déi op e stommen < e > ophalen an un en zesummegesatent Wuert ugehaange ginn, kréien en < ë > fir d'Aussprooch ze erliichteren, wéi z. B. bei *Toilettëpabeier, Chancëgläichheet, Orangëjus*.

Franséisch Adjektiver kréien en < ë >, wann de Schluss-e geschwat gëtt: *Den turquoisë Pullover*

Och ënnert Punkt 8.2 a Kapitel 10 kucken.

2.3 Den „e" mat Accent aigu < é >

Den < é > kënnt an der betounter Silb virun *x, ng, nk, ck, ch* an *chs*.

x	ng	nk
féx	kéng	blénken
	gréng	d'Gedrénks

ck	ch	chs
d'Méck	d'Sécherheet	d'Béchs
schécken	dréchnen	béchsen

Ausnamen

- Wann den < e > onbetount ass, z. B. *Diddeleng, Déifferdeng, Musek, nonzeg*, asw.
- Wierder, wou den < e > wéi en < ä > kléngt: *reng, Dreck, Fleck, keng* (net kéng!)

Virun < ch > kënnt ni en < ë >, a virun < sch > kënnt ni en < é >, dofir kritt d'Verb „maachen" an der 2. an 3. Persoun Singular en < é >.

→ du méchs – hien / hatt / si mécht.

→ an d'Wuert „Mëscht" kritt en Treema

• Kleng Wierder, déi dacks gebraucht ginn a wou keng Verwiesselung mat engem anere Wuert méiglech ass, gi sou einfach wéi méiglech geschriwwen, z. B. Possessivpronomen: „meng", „deng", „seng" a Reflexivpronomen: „mech", „dech", „sech" ginn ouni Accent geschriwwen!

Den < é > bleift nëmme bei franséische Wierder zum Schluss vum Wuert: Employé, Congé, Chargé, Musée, Assemblée générale,... a fält am Ufank vum Wuert ewech wéi z. B. *Felicitatioun, ...* *(Franséisch Wierder Kapitel 8 an 10)*

2.4 De Rëtschvokal < e >

De Rëtschvokal < e > ass e Vokal, deen ënner bestëmmten Ëmstänn an d'Wuert erarutscht fir eng besser Aussprooch ze hunn. Wann den < i > oder < u > oder < ä > virum < r > laang ausgeschwat gëtt, kënnt en < e > virdrun.

Wann i / u / ä virum < r > laang ausgeschwat ginn, da kënnt de Rëtschvokal < e >.

ier	uer	äer
d’Ierbes	stuer	fäerten
de Bierg	pueren Orangëjus	erkläert
ieren	de Buer	d’Äerd
d’ Wiertschaft	d’Kuer	d’Gäert

Wann den < i > oder < u > virum < r > kuerz ausgeschwat ginn, da kënnt keen < e > wéi z. B. *Hirsch*.

De Rëtschvokal < e > kënnt och, wann am Lëtzebuergeschen en anere Vokal steet ewéi am Däitschen. Dës Reegel gëllt awer nëmme fir < i > an < u >.

Ass en anere Vokal am Däitschen, da kënnt de Rëtschvokal < e >		
	Däitsch	**Lëtzebuergesch**
	der Bär	de Bier
	die Erdbeere	d’Äerbier

	der Korb	de Kuerf

Ausnamen

- Pronomen: dir, Dir, mir, hir
- vir, fir, zur, Ir – Iren – iresch
- Prefix ur-: Urgroussmamm, Urteel
- Friemwierder mam Suffix -ir: *Saphir, Souvenir*
- Wierder mam Suffix -ur: *Akupunktur, Kultur, Natur, Skulptur*, ...

2.4.1 Wéini kënnt den < ä > ouni Rëtschlaut < e >?

De Buschtaf < ä > kënnt virun 1 Konsonant, wann d'Wuert vun der Friemsprooch ofgeleet ka ginn an am Lëtzebuergeschen de Laut [æ] wéi bei *Käscht* huet, an der Friemsprooch *ä, a, o* oder *ö* huet, oder wann an engem Wuert vun där selwechter Famill en < a > ass:

1 Konsonant		är Kaz
vum Friemwuert ofgeleet	ä	die Äste → d'Äscht
	a	die Tasche → d'Täsch
	o	der Frosch → de Fräsch
	ö	trödelen → träntelen

vun där selwechter Famill		schw**a**mmen → d'Schwämm e K**a**pp → zwee Käpp de Reitst**a**ll → d'Reitst**ä**ll de S**a**z → d'Sätz

D'Wuert *älter* kritt am Däitschen en *ä*, mee am Lëtzebuergeschen zwee < ee > *eeler*, well et net dee selwechte Laut ass.

2.4.2 Wéini kënnt en < r >, och wann ech en net héieren?

Ass ee sech onsécher, ob een en < r > am Wuert schreiwe soll oder net, well ee keen < r > héiert, da kuckt een ewéi d'Wuert am Däitsche geschriwwe gëtt. Steet do en < r >, da kënnt och een am Lëtzebuergeschen.

Däitsch	Lëtzebuergesch
Leber	Liewer
Tochter	Duechter
Käfer	Kiewerlek
Wirt	Wiert
Berg	Bierg
Burg	Buerg
Wetter	**Wieder**
Wörter	**Wierder**

2.4.3 Wéini schreiwen ech en < e >, och wann ech en net ausschwätzen?

Wann den < e > onbetount ass, gëtt en oft net ausgeschwat. Entweeder kann een tëscht zwou Variante wielen, fir d'Wuert ze schreiwen oder et kann ee just eng Variant schreiwen. Hei e puer Beispiller:

1. erlaabte Variant	2. erlaabte Variant
glëschtereg	glëschtreg
iwweregens	iwwregens
trauereg	traureg
houfereg	houfreg
wakereg	waakreg
d'Wouerecht	d'Wourecht

geschriwwen	ausgeschwat
Timberen	Timbren
Partikelen	Partiklen
héieren	héiren
Schockela	Schockla

3- DIPHTHONGEN

D'Diphthongen am Lëtzebuergesche sinn:

ai, äi, au, ei, éi, eu, ie, oi, ou, ue

Den Diphthong < oi > fanne mir z. B. an de Wierder *Koi, Konvoi, Boiler.* Mir konzentréieren eis hei awer op déi wichtegst Diphthongen (Duebellaut).

3.1 < ei > oder < ai >?

Et riicht ee sech nom Singular oder no der Originn vun der Sprooch, aus deem d'Wuert geholl gëtt.

- Steet am Singular de Buschtaf < a >, kënnt am Pluriel en < ai >.

Singular	Pluriel
en H**a**us	zwee H**a**iser
eng M**a**us	zwou M**a**is

- Et geet ee vun der Ursprongssprooch aus.

	Däitsch	Lëtzebuergesch	Franséisch	Lëtz.
ai	das Gebäude	d'Gebai	la paie	d'Pai
ei	die Leute	d'Leit		
	das Feuer	d'Feier		
	die Biene	d'Bei		

3.2 < éi > oder < ei > oder < äi >?

Hei lauschtere mir op d'Aussprooch:

< éi >: schéin, béidsäiteg, léif, véier, léieren, studéieren, de Béier, d'Léift

< ei >: schei, d'Steier, d'Bei, bei den Dokter, d'Zeitung, d'Feier, d'Leier

< äi >: bäilafen, bäibréngen, wäiss, d'Zäit, d'Zäitschrëft, de Fläiss

3.2 De laangen < ie > aus dem Däitschen

Dat selwecht gëllt fir de laangen < ie >, dee mir z. B. aus dem Wuert „Liebe" kennen. Dëse laang gezunnen < i > gëtt et sou am Lëtzebuergeschen net. Schreift een am Lëtzebuergeschen den < ie >, da liest een e wéi bei „Liewen".

Wëll een awer e laangen < i > schreiwen, muss een op d'Vokallängt oppassen, sou wéi mir dat am éischte Kapitel gesinn hunn.

Konsonanten

4- n-REEGEL

All Wuert, dat mam Buschtaf < n > oder dem Duebel-„n"< nn > ophält, verléiert dës Endung, wann dat nächst Wuert **net** mat engem vun de Buschtawe vun der n-Reegel ufänkt. Den < n > bleift also stoe virun de Buschtawen:

u, n, i, t, e, d, z, o, h, a (y), (j) + den Interpunktiounszeechen

ewéi Punkt, Komma, Ausruffzeechen, Klameren, Gedankestréch, Stréchpunkt, Doppelpunkt, Froenzeechen, Bindestréch: , . ( ) ; : „ " ... ! -? /

Setzt een dës Buschtawen zesummen, kann een se als „united zoha" liesen a soumat méi einfach verhalen.

Alternativ dozou kann ee sech och dës Variant verhalen:

i, o, e, u, a
n, d, t, z, h

Beim < y > a beim < j > bleift nëmmen dann den < n > stoen, wa mir och bei der Aussprooch ee vun den n-Reegel-Buschtawen héieren.

Beispill:

		Et héiert een de Laut
y	de**n** Yves	[i]
	de Yannick	[j] - ia ausgeschwat
j	de**n** James	[dʒ] – dj ausgeschwat
	de Jean	[ʒ]

Um follgende Beispill gëtt d'n-Reegel an der Praxis gewisen.

Beispill: D'Jonge~~n~~ ginn an de~~n~~ Kino.

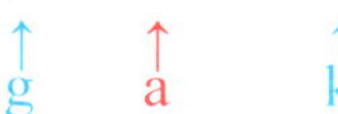

D'Wierder „Jongen" an „den" kréien hiren „n" duerch d'Buschtawen < g > an < k > ewechgeholl. D'Verb „ginn" behält den Duebel-„n" < nn > duerch de Buschtaf < a >.

Ausnam: Vun der n-Reegel ausgeschloss si Wierder, déi ouni d'n-Endung net méi kloer erkennbar sinn bzw. kee Sënn méi erginn.

Den „n" bleift:

- Verschidde Wierder mat der Endung „-an", „-on", „-onn", „-äin", „-éin", „-oun", z. B. *Kan, bon, Sonn, Schräin, Téin, Kanoun*

- Wierder mat der Endung „-in", „-ine", „-inn", z. B. *Frëndin, Mandarine (Mandarinn), Schinn*

- Wierder mat der Endung „-tioun", z. B. *Traditioun*

• Eesilbeg Wierder, z. B. *Mann, ...*

• Den < n > gëtt bei Ofkierzungen an Akronymme geschriwwen:

- *den CFL-Flyer* [tse], mee et ass *den CGDIS* [s] hei kënnt et op d'Aussprooch un.
- *den RTL, den CHL, ...*

• Ob den < n > bei englesche Wierder mam Ufanksbuschtaf < o > oder < u > geschriwwe gëtt, hänkt vun der Aussprooch of: *en Onlineshop, en Open-Air-Musée, en Outdoormusée,* mee *e~~n~~ One-Night-Stand, de~~n~~ User,* mee *den Undercover-Agent.*

• Um Enn vun engem Vir-, Familljen- oder Markennumm: *De Steven muss endlech waakreg ginn.*

Den „n" kënnt ewech:

• Wann de Vir-, Familljen- oder Markennumm sech par rapport zu senger normaler Form ännert wéi z. B. an de Plural gesat gëtt:

- *Bei eise* Melissae~~n~~ *gëtt et ëmmer eng flott Stëmmung.*
- Et ass de Lentze Benny.
- **Awer!** Et ass de Lentzen hire Benny.

• Bei de Prefixen *an–* an *un–* zielt d'n-Reegel z. B. bei de Verben *akafen, ukucken, uwennen,...* gëtt de Prefix ouni < n > geschriwwen, wann d'n-Reegel applizéiert ka ginn.

• An zesummegesate Wierder wéi bei *véiera~~n~~véierzeg, Wäi~~n~~keller, Wäi~~n~~lies, Ree~~n~~mantel*, ...,

• Bei geografeschen Nimm mat der Endung -en: Mir sollten dëst Joer op d'Philippinne goen.

Den „n" ass fakultativ:

• Virun de Wierder „säin", „se", „sech", „seng", „si" an „sou"

• Bei Wierder mat der Endung -äin
Wäin, Latäin, Kamäin, ...

• Nimm vun Uertschaften a Stied:
  - D'Christine soll am Dezember op Münche fueren.
  - D'Christine soll am Dezember op München fueren.

• Griichenland oder Griicheland

• De Bindestréch bezitt sech op d'Wuert, dat hannendru kënnt.
  - Zitroune–Maracujajus
  - A- a B-Woche-Modell
  - Open-Air-Festival

• Bei Ervirhiewungen ewéi z. B. wann e Wuert *schif*, **fettgedréckt**, GROUSS, ënnerstrach oder mat Gänseféisercher „ " geschriwwe gëtt: ZESUMMEN si mir staark.

5- DEN DEENUNGS-h

Am Lëtzebuergesche gëtt et den Deenungs-h ewéi am däitsche Wuert „Fehler“ net fir e Laut méi laang ze maachen. Et schreift een dofir: *Erfarung, Ausnam, grippeänlech, nämlech, Fürerschäin, Wansinn, wärend, warscheinlech, Anung, Feeler*, ... Nieft der Haaptvariant *Fürerschäin* gëllt awer och nach d'Niewevariant *Führerschäin*.

Et fënnt een, ob eng Niewevariant akzeptéiert gëtt, wa se am LOD (www.lod.lu) steet.

An internationale Wierder mat *rh, th, ph* bleift den < h > awer bestoe wéi an de Wierder: *Rhetorik, Theorie, Phonetik (Phoneetik)*.
→ Kapitel 10

D'Interjektiounen *a, o, ä, bä* kréie keen < h > z. B. *A, du gees haut net bei de Marc*. Ënnert Kapitel 1.1 sti weider Beispiller.

6- DE BUSCHTAF < s >

6.1 De schaarfen an de mëllen < s >

Mir hunn am Lëtzebuergesche kee schaarfen „s" < ß >. Dofir gi Wierder, déi am Däitsche mat dem schaarfen „s" geschriwwe ginn, wéi z. B. „Spaß", am Lëtzebuergesche mat zwee < s > „de Spaass" geschriwwen. Déi **2 < ss >** kommen och da bei engem Wuert, wann et schaarf ausgeschwat gëtt wéi bei *Gewëssen*.

< s > **an der Mëtt vum** Wuert ka *mëll* ausgeschwat ginn		
kuerze Vokal	laange Vokal	Diphthong
de Casino	d'Remise	de Biesem
< s > **um Enn** vum Wuert ka *schaarf* ausgeschwat ginn		
	laange Vokal	Diphthong
	d'Vas immens/ eens	den Hues

Diphthong: Duebellaut (Kapitel 3)

Wann déi däitsch Schreifweis um Enn vum Wuert en *< ss >, < ß >, < chs >* oder *< z >* stoen huet, kommen am Lëtzebuergeschen no engem laange Vokal oder engem Diphthong **2 < ss >** wéi z. B. süß (dt.) = séiss (lx.). Et gëtt och nach eng Variant aus dem Däitschen, déi vum ZLS an d'Lëtzebuergescht integréiert gouf: *süüss* oder *süss*.

Uertsnimm, déi mat < s > ophale kréien 2 < ss > soubal se verännert ginn, z. B. *Leeds – de Leedsser Fussballsclub*.

6.2 < s >, < z > oder <tz>

Et schreift een ni < tz > no engem < l > oder < n >. Entweeder et schreift een < s > oder < z >.

Den < tz > kënnt no kuerzem Vokal

- de Blëtz – d'Sätz

OPPASSEN!

Et ginn Ausnamen:

- Justiz, Hospiz, Notiz

Den < z > kënnt dogéint no laangem Vokal oder Diphthong

- d'Kaz – d'Plaz

6.3 Den eenzelen < s >

Den < s > steet isoléiert virun „du“ oder „de“ fir zwee Wierder mateneen ze verbannen a soumat d'Aussprooch méi einfach ze maachen.

- Wann **s** du mir hëllefe wëlls, ...
- Ech weess nach net, ob **s** du haut schonn eppes virhues.
- ...,well **s** du mir d'Buch ginn hues.

Dësen < s > steet ëmmer eenzel a gëtt **OUNI APOSTROPH** geschriwwen!

OPPASSEN!

Beim Adverb *schonns* gëtt den < s > ugehaangen. Et ass eng Variant vum Adverb *schonn*.

7- WÉINI SCHREIWEN ECH ....

Dacks hëlleft et sech déi däitsch Sprooch als Referenz unzekucken, fir erauszefannen, wéi een e Wuert am Lëtzebuergesche schreiwe muss.

D'Ennverhäerdung trëtt an, wann aus engem mëlle Laut en haarde Laut gëtt: b → p
d → t
w → f

• Wann am Däitschen en < b > kënnt, da schreiwe mir am Lëtzebuergeschen och en < b > wéi z. B. ob (dt.) – ob (lx.).

• Wann Dir awer elo virum Probleem stitt, d'Wuert net vum Däitsche kënnen ofzeleeden, da schreiwe mir d'Buschtawen < f >, < p > oder < t >, an net < w >, < b > oder < d >. Soumat wann am Däitschen en anere Buschtaf kënnt, da schreiwe mir am Lëtzebuergeschen den haarde Konsonant < p >, < t > oder < f > wéi z. B. *Buschtabe* – *Buschtaf*.

Zwee Beispiller méi am Detail erkläert:

Am Wuert „Buchstabe" hu mir weeder en < f > nach en < w >, mee en < b >. Dofir schreiwe mir en < f >, well mir et net aus dem Däitschen ofleede kënnen. En anert Wuert, dat dacks gebraucht gëtt, ass dat Wuert „op". Am Däitsche wier d'Iwwersetzung „auf", an och do hu mir keen < p >, mee en < f >.

7.1 < b > oder < p >?

< b > oder < p >	
Däitsch	**Lëtzebuergesch**
ob	ob
die Suppe	d'Zopp
der Krebs	de Kriibs

7.2 < w > oder < f >?

< w > oder < f >	
Däitsch	**Lëtzebuergesch**
Löwe	Léiw
Möwe	Méiw
antworten	äntweren

7.3 < v > oder < f >?

< v > oder < f >	
Däitsch	**Lëtzebuergesch**
vor	vir
für	fir
Valentinstag	Vältesdag

An der Endung vum Wuert kënnt ëmmer e < v > wéi bei *aktiv*.

7.4 < d > oder < t >?

< d > oder < t >	
Däitsch	**Lëtzebuergesch**
der Schaden	de Schued
gut	gutt
das Blut	d'Blutt

7.5 < g > oder < ch >?

• No kuerzem Vokal an onbetounter Endsilb kënnt < ch >. Bei enger onbetounter Endung kënnt en < ch >, och wann am Däitschen eng „g"-Endung steet, wéi bei *Ausflug – Ausfluch / weg – ewech / Zug – Zuch*, asw.

• No laangem a betountem Vokal oder Diphthong bleift den < g > oder < ch > jee nodeems wéi déi däitsch Schreiftweis ass.

< g > oder < ch >	
Däitsch	**Lëtzebuergesch**
der Tag	den Dag
das Dach	den Daach
der Vogel	de Vugel

7.6 < sch >, < g > oder < ch >?

< sch >, < g > oder < ch >?	
Däitsch	**Lëtzebuergesch**
die Kirsche	d'Kiischt
amtlich	amtlech
fertig	fäerdeg
öffentlich	ëffentlech

D'Buschtawen < sch > gi geschriwwen, wann och am Däitschen en < sch > kënnt. An de franséische Wierder bleift den < ch > oder < g > wéi bei *Chamber, Chauffer, Message, ...* .

7.7 < g > oder < k >?

< g > oder < k >	
Däitsch	**Lëtzebuergesch**
die Droge	d'Drog
die Feige	d'Fig
antik	antik
die Automatik	d'Automatik
die Bank	d'Bank

8- DE PLURIEL

Déi heefegst Plurielendungen am Lëtzebuergesche sinn:

- < en >: d'Ausgangsspär – d'Ausgangsspären
- < er >: den Aperitif – d'Aperitifer
- Null-Endung: de Kuerf – d'Kierf
  de Vugel – d'Vigel

Weiblech Wierder kréien ni eng „er"-Endung am Pluriel.

Wierder mat engem kuerze Vokal, wou d'Schlusskonsonanten ausgeschwat ginn, ginn am Pluriel verduebelt:

- eng Course – zwou Courssen
- en Typ – zwee Typpen
- Frëndin – Frëndinnen
- Equipe – Equippen
- Coupe – Couppen
- Präis – Präisser
- Chef – Cheffen
- Hotel – Hoteller
- Erliefnes – Erliefnesser / Erliefnis - Erliefnisser
- Fan – Fannen (Fans)
- Journal - Journaller
- Bus – Busser/ Bussen
- Wallis – Wallissen
- Club- Clubben (Clibb)

Aus < k > gëtt < ck > am Pluriel

Klinik – Klinicken

Kritik – Kriticken

! Comic - Comicken

Ausser et handelt sech ëm *de Grand-Duc*, do gëtt et *d'Grand-Ducen*.

8.1 Friemwierder am Pluriel

Wierder, déi aus enger Friemsprooch an d'Lëtzebuergescht importéiert ginn, kréien am Pluriel ëmmer d'Endung „–en", wéi z. B. *den Handy – d'Handyen. d'Pizza - d'Pizzaen, den/d'CD – d'CDen, de Lockdown – d'Lockdownen (d'Lockdowns), den Drivethrough – d'Drivethroughen,* oder „–er" wéi bei *d'Accidenter, ...* .

8.2 Franséisch Wierder am Pluriel

Wa mir Wierder mat der Endung < ée > hunn oder Wierder mat < é >, wou hiren < n > duerch d'n-Reegel fortfält, da kritt d'Wuert am Pluriel en < ë >.

- de Lycée – zwee Lycéeën
- de Chargé – d'Chargéë~~n~~ schaffe vill

• OPPASSEN!

< e Client – zwee Clienten >, awer bei enger Fra ass et

→ < eng Cliente – zwou Clienteën >

Hei musse mir en < ë > derbäisetzen, soss ass déi männlech Form gemengt. Genee dat selwecht hu mir bei „en Employé" an „eng

Employée", do gëtt déi weiblech Plurielsform: zwou Employéeën.

- ee Café – zwee Caféen

All d'Cafëë si wärend dem Lockdown zou.

Franséisch Wierder mat enger stommer Endung kréien zum Schluss „–en" ugehaangen, z. B. en Abus – zwee Abusen, de Concours – zwee Concoursen.

OPPASSEN! Mir schwätzen den < s > net mat aus.

Et gëtt ee Wuert am LOD wou am Pluriel de Schlusskonsonant ännert :

- ee Repas sur roues – zwee Repas-sur-rouen

Am Saz mat der n-Reegel muss een dann op den < ë > oppassen. D'Repas-sur-rouë ginn haut mat Verspéidung ausgeliwwert.

Eng **Ausnam** si franséisch Wierder mat enger lëtzebuergescher Endung:

en Tour duerch d'Stad – *zwee Tier* duerch d'Stad
Hie krut *e Coup* an de Bauch.
Hie krut puer *Ki* an de Bauch.

9- VERBEN

D'Verben „hunn", „sinn", „gesinn", „ginn", „goen", „doen", „stoen" gi mat Duebel-„n" < nn > geschriwwen, wat duerch dee kuerze Vokal ze erklären ass. Dës Verbe kënnen duerch d'n-Reegel hir „n"-Endung verléieren.

	hunn	**sinn**	**gesinn**	**ginn/ goen**	**stoen**
ech	hunn	sinn	gesinn	ginn	stinn
du	hues	bass	gesäis	gëss/ gees	stees
hien/ hatt/ si	huet	ass	gesäit	gëtt/ geet	steet
mir	hunn	sinn	gesinn	ginn	stinn
dir	hutt	sidd	gesitt	gitt	stitt
si	hunn	sinn	gesinn	ginn	stinn

Beim Konjugéiere vun de Verbe kuckt een d'Form vum Infinitiv fir de Present ze bilden. Dofir gëtt z. B. d'Verb „falen" nëmme mat engem < l > geschriwwen. Et heescht also: ech falen, du fäls, hatt, si, hie fält, mir falen, dir faalt (hei zwee < a > wéinst der Reegel vun der Vokallängt), si falen. Am Partizip passé kritt d'Form duerch d'Reegel vun der Vokallängt zwee < ll > *ech si gefall*.

Eng Charakteristik bei de Verben ass d'Ennverhäerdung. Do gëtt an de Verben aus dem < d > en < t > an aus dem < w > en < f > gemaach.

• D'Verb „entscheeden" gëtt am Infinitiv mat < d > geschriwwen, gëtt awer an der 3. Persoun Singular am Present verhäert a mat < t > geschriwwen, also „hien entscheet".

• Wann d'Endung vum Verb wéi en < t > kléngt, gëtt deen tatsächlech geschriwwen.

Och d'Verben „gesinn", „ginn", „goen", „doen" an „stoen", déi am éischten Tableau ze fanne sinn, ginn no deem selwechte Prinzip gebilt.

• „sidd" → déi eenzeg **Ausnam** ass d'Verb „sinn". Hei bleift den < d > stoen, obwuel e wéi en < t > ausgeschwat gëtt, well mir am Däitschen bei „seid" och en < d > hunn.

9.1 Verben op -néieren

D'Verbe mat der Endung *-néieren* kréien nëmmen een < n > egal wéi hir Schreifweis, am Franséischen oder am Däitschen ass, z. B. funktionéieren oder fonctionéieren, positionéieren, impressionéieren, vaccinéieren, abonéieren, sanctionéieren, ëmfonctionéieren, raisonéieren, ordonéieren, coordonéieren oder koordinéieren, deconéieren, ...

Egal, ob déi franséisch oder däitsch Versioun geschriwwe gëtt wéi bei *fonctionéieren* oder *funktionéieren*, et bleift just bei engem < n >.

9.2 Participe passé am Engleschen

De Participe passé vun englesche Verbe gëtt wéi am Lëtzebuergesche gebilt:

- chatten – gechatt
- scratchen – gescratcht
- sprayen – gesprayt
- surfen – gesurft
- skaten – geskate

mee

- liken – gelikt oder geliked
- downloaden – gedownloat oder downgeloat
- timen – getimt oder getimed

Gëtt den Infinitiv vun engem Verb als Substantiv gebraucht, gëtt dat groussgeschriwwen: D'Laachen ass him schwéiergefall.

10- FRIEMWIERDER

Den ZLS - Zenter fir d'Lëtzebuerger Sprooch huet sech als Aufgab gesat ëmmer méi Wierder ze verlëtzebuergeschen. Déi Lëtzebuerger Schreifweis kënnt Dir gratis am LOD – dem Lëtzebuerger Online Dictionnaire *www.lod.lu* nokucken.

Dir fannt follgend an nach aner Varianten am LOD:

- Plateau – Platto
- Tableau – Tablo
- Cadeau – Kaddo
- Canapé – Kannapee
- Chantier – Schantjen
- Caissier – Keessjee
- Chauffeur – Chauffer
- Service – Zerwiss
- Cousin – Koseng
- Ecran - Bildschierm

Et gi franséisch Wierder, déi keng Niewevariant am Lëtzebuergesche méi hunn, wéi z. B. *Wallis, Fotell, Zerwéit, zerwéieren, Forschett, vag, Migrän, Comptabel, ...* Et bleift awer *Serveuse*.

Franséisch Wierder behalen hiren Accent grave ewéi bei *Infirmière, Première, Barrière*, *Geste-barrièren, Ministère* an hiren Accent circonflexe, wéi bei *Goût, Boîte, Maître* den Accent aigu bleift just an der Endsilb ewéi bei *Employé*, *Musée, Entrée, Assemblée générale*. (< é > → Kapitel 2.3)

Am Franséischen kann een tëschent enger Haapt- an enger Niewe-variant ënnerscheeden. Déi Haaptvariant huet eng lëtzebuergesch Endung:

- Madamm (Haaptvariant) – Madame (Niewevariant)
- Ekipp (HV) – Equipe (NV)
- Originn (HV) – Origine (NV)
- Limitt (HV) – Limite (NV)

Da ginn et och nach Wierder, déi et just mat enger lëtzebuergescher Endung ginn, wéi *Migrän*, *Cercel*, *Vitess, Phas*, etc.

Wann déi franséisch Wierder mat oder ouni Bindestréch geschriwwe ginn, da gëtt just den éischte Buschtaf vum Ufankswuert groussgeschriwwen:

Salle à manger, Chargée de cours, Salle de réveil – Salle-de-réveilen, Centre de soins avancés – Centre-de-soins-avancésen, ausser bei *de Grand-Duc, de Grand-Duché, d'Grand-Duchesse.*

10.1 Englesch a franséisch Ausdréck

Englesch a franséisch Wierder ginn a festen Ausdréck klenggeschriwwen:

- en forme, par rapport, en plus, d'accord (sinn), ...
  Dir sidd haut jo richteg en forme.

- by the way, on the road, on my way, to be honest, ...
  Dat wousst ech net to be honest!

Dacks gëtt am Lëtzebuergeschen „vue que datt" entweeder geschriwwen oder gesot, awer domat seet een zweemol dat selwecht. Den Ausdrock „vue datt" léisst sech soen: *Ech ginn haut net op de Concert, vue datt ech immens midd sinn*. Den Ausdrock „vue que" an engem lëtzebuergesche Saz seet sech guer net: *Mir ginn am Moment net an d'Vakanz, vue que Corona ass*.

10.2 Däitsch a franséisch Wierder

An der Lëtzebuerger Sprooch huet een heiansdo zwou Varianten zur Auswiel, déi franséisch oder déi däitsch:

- Gouvernement oder Regierung
- Decisioun oder Entscheedung
- Permis oder Fürerschäin
- Avantage oder Virdeel
- Facture oder Rechnung
- Choix oder Auswiel / Wiel

10.3 Englesch Wierder

Englesch Wierder ginn am Lëtzebuergeschen ouni Bindestréch an uneneegeschriwwen ewéi bei *Watchparty, Workout* oder d'Wuert huet eng Haapt- an Niewevariant.

D'Variant mam Bindestréch bleift d'Niewevariant:

Startup (HV)	Start-up (NV)
Contacttracing (HV)	Contact-Tracing (NV)
Coronaapp (HV)	Corona-App (NV)
Whatsappapero (HV)	Whatsapp-Apero (NV)

Ausnamen

Ausname ginn et an zwee Fäll

1. Et handelt sech am éischten Deel ëm en onbetount Adjektiv.
   Onbetount Adjektiv am Ufank vum Wuert:
   - *High* Society
   - *Social* Media
   - *High* Five
2. Et ass méi eng laang Zesummesetzung
   - Low-Budget-Film
   - Online-Cours
   - Youtube-Channel

10.4 Aner Sproochen

D'Haaptvariant bei de Wierder mat de Prefixen pre- / prä- a Wierder mat de Prefixen ped- / päd- a Suffixen -ped / -päd ass ëmmer d'Variant mam < e >.

- prehistoresch – prähistoresch
- Present- Präsens
- Pedagog – Pädagog
- Orthoped - Orthopäd

Wierder aus dem Griichesche mat *th*, *ch* oder *rh* an der Mëtt oder am Ufank vum Wuert bleiwen och am Lëtzebuergeschen erhalen:

th	ch	rh	ph
Athleet	synchron	Gonorrhoe	Euphorie
Theema	Chrëschtdag	Rhythmus	Phas

D'Haaptvariant bei de Wierder mat *-graf-* / *-graph-* a mat de Suffixen *-fon/ -phon* ass ëmmer déi mam < f >.

- Fotograf – Fotograph
- Orthografie – Orthographie
- Mikrofon – Mikrophon
- Telefon – Telephon

ausser d'Wierder: *Fantasie, Delfin, Foto* stinn am LOD ouni d'Variant mam *-ph-*.

Zesummegesate Wierder, déi aus dem Laténgeschen oder Italieeneschen ofstamen:

- Just dat 1. Wuert gëtt grousssgeschriwwen:
  - Curriculum vitae
  - Dolce vita
  - In dubio pro reo (Am Zweiwel/Zweifel fir den Ugekloten)

Zesummegesate Wierder, déi aus dem Laténgeschen oder Italieeneschen ofstamen AN e lëtzebuergescht Wuert dran hunn:

- Bindestrécher + dat lëtzebuergescht Wuert gëtt grousssgeschriwwen
  - De-facto-Bezéiung

Zesummegesate Wierder am Pluriel, déi aus dem Laténgeschen oder Italieeneschen ofstamen:

- Bindestrécher + kuerze betounte Vokal gëtt verduebelt
  - Curriculum-vitaeen

Wann et sech bei den zesummegesate Wierder aus dem Laténgeschen oder Italieeneschen net ëm e Substantiv handelt, gëtt et och am Lëtzebuergesche klenggeschriwwen:

Ech war *de facto* dovun iwwerzeegt, datt hien dee Richtege war.

De berüümten Zweifelssaz *in dubio pro reo* geet op den Aristoteles zeréck.

11- GROUSS- ODER KLENGGESCHRIWWEN?

11.1 Klenggeschriwwen

- Hannert dem Wuert „mat“ gëtt d’Verb klenggeschriwwen, wann een „mat“ mat „ze“ ersetze kann.
    - *Ech hunn opgehale mat schaffen.*
    - *Ech hunn opgehalen ze schaffen.*

- Superlativkonstruktiounen mat dem Wuert am
    - De Claude geet *am léifsten* a Spuenien an d’Vakanz.

- Fest Ausdréck, déi net an hirer Form änneren
    - Mat dir ginn ech *duerch déck an dënn*.

- Pronomen, déi fir e Substantiv stinn
    - D’Medienagencë *Standartagency* an *Hype* sinn ënner *anerem* am Gespréich fir dee grousse Projet.
    - Déi *meescht* vun eis hunn de Concours gepackt.
    - Si wollten net, datt si et *all* wëssen.

- Steet d’Verb „sinn“ an engem prepositionalen Ausdrock oder an engem Ausdrock mat engem Substantiv
    - Hien huet mir *säi Leed* geklot.
    - Ech sinn es dermoosse *leed*.

- Bei den Adverben: rieds goen (sinn/hunn) iwwer/vun - wëlles hunn/sinn – opweises hunn
    - Hie schéngt nach vill *wëlles* ze *hunn*.

• Adverbial Forme vun den Deeg mat „-s“
méindes, dënschdes, mëttwochs, donneschdes, freides, samschdes, sonndes

- Dir gitt *freides* ëmmer bei d'Mamm iessen.

11.2 Groussgeschriwwen

• Wann en Adjektiv oder Partizip als Substantiv gebraucht gëtt: *Vun Noem a vu Wäitem*, awer kleng *vun no a vu wäit*

• Substantivéiert Infinitivgruppen aus 2 Elementer

- *d'Bëschstierwen, d'Autofueren, d'Bocksprangen,...*

Wa mat engem Grupp vun Adjektiver Leit gemengt sinn:

• D'Schéier tëscht *Aarm a Räich* gëtt ëmmer méi grouss.

• No de Pronomen *eppes, näischt, wéineg* a *vill:*
eppes Elegantes, näischt Schlëmmes, wéineg Erfreeleches, vill Guddes

• Wa Superlativer a Komparativer als Substantiv gebraucht ginn:

- Jennifer, du bass dat *Bescht.*

Positiv	Komparativ	Superlativ
schéin	méi schéin	am schéinsten
gutt	besser	am beschten

• Wierder, déi mat Bindestrécher verbonne sinn an als Substantiv benotzt ginn:

- Du muss dech an *Eegen-Isolatioun* beginn.

- Adverbial Ausdréck:
    - Ech sinn <u>am Gaang</u> ze kachen.

- Prepositional Ausdréck:
    - Du hues dech <u>op Grond vun</u> der Plaz fir deen Auto entscheet.

- gëschter a virgëschter + Dageszäit
    - *Mir hu gëschter <u>O</u>wend bis 21 Auer gefeiert.*

- Bréch, Ordinalzuelen, a Kardinalzuelen, déi als Substantiv gebraucht ginn:
    - *Mir hu schonn eng <u>V</u>éierelstonn op dech gewaart.* (Broch)
    - *De Leo ass deen <u>É</u>ischten am Concours ginn.* (Ordinalzuel)
    - *D'Zoe huet eng <u>Z</u>wanzeg vun Zwanzeg am Exame kritt.* (Kardinalzuel)

- Zueladjektiver, déi keng Quantitéit bestëmmen
    - Et waren <u>Honnerte</u> vu Leit an der Stad.

- Dat 1. Wuert vun engem Titel vun engem Buch, Film, Artikel
    - *D'Buch <u>E</u>ng Aventure vum Nalu a Quietschi kënnt d'nächst Joer eraus.*

- Adjektiv, Partizip, Zuel oder Pronomen an engem Numm
    - <u>É</u>ischt Hëllef

- Wierder mat -er, déi vun enger geografescher Bezeechnung ofgeleet ginn
    - Dëst Buch geet iwwert *d'Lëtzebuerg<u>er</u>* Sprooch.

- Wuert vun engem Stroossennumm an och d'Adjektiver, déi zum Stroossennumm gehéieren:
  - Hatt wunnt An der Dellt.
  - Hie wunnt Am Kaulege Feld.

- D'Adjektiv gëtt groussgeschriwwen, wann d'Wuert eng besonnesch Bedeitung huet:
  - de *Roude* Wäin, de *Wäisse* Wäin, d'*Gro* Kaart

- Historesch Evenementer, fest Titelen, Planzen, Déieren:
  - den *Zweete* Weltkrich, déi *Spuenesch* Gripp, *Schwaarzen* Hielenner (Hielenter), *Grénge* Spiecht,....

12- AUSERNEEN- ODER ZESUMMEGESCHRIWWEN?

12.1 Zesummegeschriwwen

- Haaptbetounung läit op de Partikelen:
  - Adverben: erëm-, ewech-, zeréck-, zesummen-
  - Prepositiounen: an-, op-, mat-, virun-
  - Bei de Prefixe vun engem Verb, déi kenger bestëmmter Kategorie zougeuerdent kënne ginn: heem-, präis-, wäis-, wett-,
- Verben, déi eng bildlech / iwwerdroe Bedeitung hunn

Bildlech / iwwerdroen → ZESUMMEN
Adverb + Verb: zeréckgewannen
Hie konnt hatt fir sech zeréckgewannen.
Adjektiv + Verb: nostoen
Mir wäerten eis ëmmer nostoen.
Verb + Verb: kenneléieren
Dee wäert mech nach kenneléieren!

- E Substantiv mat „net“ am Wuert wéi ***Net****lëtzebuerger.*
- Substantivéierunge vun enger Expressioun:
  - d’Bëschstierwen, d’Autofueren, d’Bocksprangen, d’Broschtschwammen, ...

- Adjektiver, déi sech op engem Niveau befannen:
  - routwäissblo, dafstomm, …

- Adjektiver, déi aus 2 Elementer bestinn, wou dat 1. dat 2. Element oder ëmgedréint ofschwächt oder verstäerkt:
  - *hyperaktiv* (1. Element verstäerkt dat 2. Element am Wuert), *mannerwäerteg* (1. Element schwächt 2. Element am Wuert of)

- Adjektiver a Partizip ginn a Verbindung mam Substantiv zesummegeschriwwen: *schnéiwäiss*

- D'Adverb: *souzesoen* / D'Adjektiv: *wéivillt* oder *wéivillten*
  - Ech hu *souzesoen* näischt geléiert.

- Zesummesetzunge mat der Prepositioun „zu", déi een och géint „ze" antausche kann:
  - zugronn goen = zegronn goen
  - zurieds stellen = zerieds stellen
  - zuscholde komme loossen= zescholde komme loossen

- E Véierelsliter Mëllech, eng Véierelstonn, eng Honnertstelsekonn ze lues geschwommen.

Awer eng hallef Stonn, anerhallef Stonn, hallwer eelef.

Wichtegst Konjunktiounen, déi zesummegeschriwwe ginn

amplaz, andeems (andeem), zemools (zemol), zanterhier (zënterhier), obschonns (obschonn), nodeems (nodeem), (e)soulaang, (e)soubal, ...

Wichtegst Adverben, déi zesummegeschriwwe ginn

allkéiers, zurzäit, anerersäits, anerwäerts, daagsiwwer, eemol, ëmsou, geneesou = genausou = gradesou, jeeweils, iergendwéi, iergendwann, kengesfalls, souwéisou, därmoossen, zemol (zemools), e puermol (e puer Mol), zudéifst

opgrond vun (op Grond), unhand vun, mathëllef (mat Hëllef vun) = Prepositioun

iergendeen, iergendeng, sengesgläichen = Pronomen

mee iergend esou eng Affär

12.2 Auserneegeschriwwen

- Haaptbetounung um Verb am Infinitiv oder Partizip

- Verben, déi eng wuertwiertlech Bedeitung hunn

Wuertwiertlech → AUSERNEEN

Adverb + Verb: zesumme(n) sëtzen

Kënne mir am Kino zesumme sëtzen?

Adjektiv + Verb: no lafen

Du muss him séier no lafen an him de Bréif ginn.

Verb + Verb: kenne(n) léieren

Ech wäert seng Elteren den Owend kenne léieren.

- All Connectioun mam Verb „sinn". Net de Passé gemengt!
  - Si misste fir dech do sinn.

- Verb + Verb (Infinitiv oder Partizip)
  - stoe bleiwen, akafe goen

- Wann den 1. Deel en Adjektiv ass, dat gesteigert ka ginn

Ech si schlecht gelaunt. Ech sinn immens schlecht gelaunt.

Deeselwechten oder dee selwechten?

Dat gëtt auserneegeschriwwen.

Dee selwechten, de selwechten, d'selwecht, dat selwecht, déi selwecht, deen nämmlechten, dat nämmlecht, déi nämmlecht

Zevill oder ze vill?

ze vill gëtt auserneegeschriwwen

esou vill **s** du wëlls (isoléierten < s > Kapitel 6.3)

esou vill, esou wéineg, esou wäit, **mee** et ass esouguer, esouvill an esouwäit

12.3 Fakultativ

Wierder, déi a Verbindung mat engem Partizip wéi en Adjektiv benotzt ginn:

- Si ass eng elengerzéiend Mamm.
- Si ass eng eleng erzéiend Mamm.

Adjektiver mat „net“

- Hatt war netstationär an der Klinik.
- Hatt war net stationär an der Klinik.

Fir den Alldag

1- ALLDEEGLECHES

1.1 Wierder, déi dacks falsch geschriwwe ginn

gudd oder gutt?

< gut > am Däitsche kritt en < t >, dofir schreiwe mir < gutt > och mat < t >. Duerch d'Vokalreegel musse mir awer zwee < t > schreiwen. Mir schreiwen awer „e gudde Mann", well den < t > vermëllt gëtt.

Partizip présent Endung -end

E Partizip présent ass eng Mëschform tëscht engem Verb an engem Adjektiv.

follgend, ermiddend, enttäuschend, spannend, beängschtegend, bedeitend, betreffend, ...

< t > oder < tt >?

DAT versus DATT	HAT versus HATT
Dat wousst ech net. De Buschtaf < a > gëtt **laang** ausgeschwat.	D'Jennifer **hat** en Hond. D'Verb „hunn" an der Vergaangenheet
Datt, dat net méi virkënnt. De Buschtaf < a > gëtt **kuerz** ausgeschwat	**Hatt** ass verléift. 3. Persoun Singular

1.1.1 Wéini kënnt < ob > a wéini < op >?

- „ob“ kritt en < b >, well am Däitschen d’Wuert „ob“ och en < b > kritt.
- „op“ kritt en < p >, wa mir am Däitschen „auf“ an der Iwwersetzung hunn.

1.1.2 Ofkierzungen

Ofkierzunge kréien en Espace hannert dem Punkt, well d’Buschtawe wéi eenzel Wierder gekuckt ginn: *z. B., d. h., asw.*

Ausser bei %, cm, EUR, €, do kënnt en Espace:
Et gi 50 % op alles.

1.1.3 Erlaabt Ofkierzungen

ADVERBEN			
Haaptvariant	Niewevariant	Haaptvariant	Niewevariant
elo	lo	emol	mol
ewell	well	ewech	wech
ewéi	wéi	erëm	rëm
erëm	rëm	eran	ran
esou	sou	eraus	raus
eréischt → réischt: hei OPPASSEN! mat „sch“			

	-t
dërtëscht	dërtëschent
doniewent	donieft
dowidder	dowiddert

	-er
virdrun	virdrunner
hannendrun	hannendrunner
dran	dodranner

		heihin	heihinner
		wouhin	wouhinner
		doduerch	doduerjer

der- oder do- sinn zwou Varianten: dertëscht oder dotëscht

1.1.3 Prepositiounen an Adverben mat an ouni < t >

Prepositiounen			
	-t		**-t**
bannen	bannent	baussen	baussent
ënner	**ënnert**	hanner	hannert
iwwer	iwwert	tëschen	tëschent
uechter	uechtert	widder	widdert
niewen	niewent nieft		

1.1.4 Wéini kënnt e Bindestréch?

• Zesummegesate Wierder mat engem eenzelne Buschtaf

E-Mail, E-Mail-Adress, E-Learning, x-mol, A-Woch, B-Woch

• Zesummegesate Wierder mat Zuelen

1-mol, 100-Prozent, eng 40-Stonne-Woch, 13es-Diplom (13èmes), 1res-Diplom, d'80-er Joren, Covid-19-Mesuren, 3D-Drécker

• Zesummegesate Wierder mat Ofkierzungen

BA-Aktioun, PCR-Test, d'UNO-Flüchtlingshëllef, CPAP-Maschinn, d'UV-Stralen

- Exmann oder Exfra gëtt ouni Bindestréch geschriwwen

• Bei Friemwierder ginn et zwou Varianten:

→ mat Bindestréch an ouni Bindestréch

Make-up oder *Makeup, Youtube-channel* oder *Youtubechannel, Tracing-App* oder *Tracingapp*

Awer (Stand Dezember 2020):

- Large-Scale-Testing,
- Open-Air-Musée

• Bei Opzielungen

Baskets-, Futtballs- an Tennismatcher

Mond- an Nueseschutz (Variant vu Mond-Nues- Schutz)

- Summervakanz, -**k**leeder a -**w**ieder (Nom Bindestréch gëtt klenggeschriwwen)

• Vereenzelt Buschtawen am Pluriel

z. B. *D'Verb groussschreiwen gëtt mat dräi s-en geschriwwen.*

1.1.5 Wierder aus dem Alldag

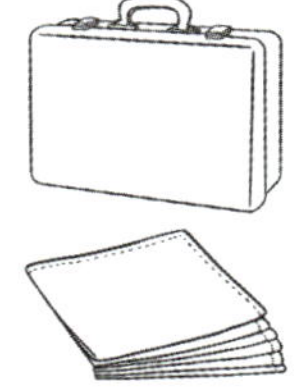

„Wallis" an „Zerwéit" sinn net wéi am Franséischen „Valise" oder „Serviette"

Hierscht mat < **r** >

Äddi – Awar – Awuer

Neijoerschdag

Chrëschtdag

wannechgelift gëtt mat wgl. ofgekierzt

ee Cadeau – zwee Cadeauen
ee Kaddo – zwee Kaddoen
ee Geschenk – zwee Geschenker

e Kaffi

„Ech hu**nn** dech g**ä**r“

Villm**oo**ls Merci

watgelift?

keen Accent bei
meng, deng, seng Nues

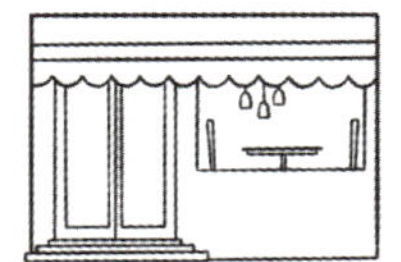

e Café

2 am Männleche ginn et zwou Formen: *zwéin* oder *zwee*

de **R**oude Wäin, de **W**äisse Wäin

N**Ä**CHST: den *nächste* Weekend gëtt mam Buschtaf < ä > geschriwwen, an net, wéi dacks ze liesen, mat < e >.

L**E**SCHT: de *leschte* Weekend gëtt mam Buschtaf < e > geschriwwen, an net < ä >.

IMMEN**S** / EEN**S**: D'Wierder *immens* an *eens* gi mat dem Buschtaf < s > wéi an der Referenzsprooch Däitsch geschriwwen.

ELENG: Ech ginn *eleng* op New York. Do kritt d'Wuert „eleng" en < e > a keen < a > an och just een < l >.

SCHO**NN**: Si si *schonn* doheem. Mir schreiwen hei d'Wuert „schonn" mat zwee < nn > duerch d'Reegel vun der Vokallängt.

GL**Ä**ICH: Ech gi *gläich* bei meng Mamm an de Supermarché.

BESONNE**SCH**: Si hunn all eng *besonnesch* Plaz a mengem Häerz.

VL**ÄI**CHT: Mir ginn nächst Joer *vläicht* erëm an d'Vakanz.

ERÉI**SCH**T: Bass du *eréischt* véierzeg Joer al?

LIBLING: Hues du eigentlech e *Libling*?

HIN AN HIER: Mat him ass et ëmmer en *Hin an Hier*.

HOTT AN HAR: D'Kanner lafen *hott an har*.

BOER: Kann ech och *boer* bezuelen?

allkéiers: D'Ann an de Robin ginn *allkéiers* no der Schaff surfen.

TIPPTOPP: Dat héiert sech jo *tipptopp* un.

ENK: D'Party ass am *enkste* Familljen- a Frëndeskrees.

OPPASSEN!

D'Gebai ass héich. Mee: Hien huet en héijen Niveau.

Ech si bei der Famill. Mee: Déi zwou Familljen hu Sträit mateneen.

Ech kafen eng Piisch. Mee: Ech iesse gär Pijen.

1.1.6 Fir .....ze + Infinitiv– wéini kënnt e Komma?

E Komma kënnt nëmmen viru *fir..... ze + Infinitiv*, wann nom Infinitiv de Saz nach weidergeet.
D'Lisa geet bei de Yannick fir ze plënneren.
D'Lisa geet bei de Yannick, fir him beim Plënneren ze hëllefen.

2- FORMULÉIERUNGE FIR OP ENG KAART

Allgemeng
Ech / Mir gratuléiere vu ganzem Häerze fir….
Ech / Mir wënschen…..
Felicitatioun / Gratulatioun
Gléckwonsch / Gléckwënsch
Vill Gléck fir …..
Alles Guddes fir ….

Gebuertsdag	
Alles Guddes fir däi / Äre Gebuertsdag!	Vill Gléck fir däi / Äre Gebuertsdag!
Ech wënschen dir / Iech nëmmen dat Bescht fir däi / Äre Gebuertsdag!	Vun Häerzen alles Guddes fir däi / Äre Gebuertsdag!
Feier / Feiert gutt!	Looss dech / Loosst Iech gutt verwinnen!
Looss dech / Loosst Iech feieren!	Bleif / Bleift gesond a monter!
Meng / Eis /Ons / Äis beschte Gléckwënsch	….eng gutt Gesondheet, vill Erfolleg an der Léift an am Beruff

Hochzäit	Gebuert
Vill Gléck fir Är / är gemeinsam Zukunft!	Mir gratuléieren a wënschen nëmmen dat Bescht fir d'Gebuert vun Ärem / ärem Kand!
Vill Gléck fir Är / är Hochzäit!	Mir wënschen dem Kand nëmmen dat Bescht fir säi Liewensufank!
Gesondheet	
Gutt Besserung!	Erhuel dech gutt! Erhuelt Iech gutt!
Begriefnes	
Mäin / Eist häerzlecht Bäileed!	
Chrëschtdag an Neijoerschdag	
Schéi Chrëschtdeeg an e gudde Rutsch an d'neit Joer gewënscht! Bleift gesond a monter! Mir / Ech wënschen dir an denger Famill / Iech an Ärer Famill schéi Feierdeeg an e gudde Rutsch an d'neit Joer!	

2.1 Formuléierunge fir eng Doudesannonce

Am Ufank	
Hien / Hatt / Si ass friddlech no kuerzer / laanger / schwéierer Krankheet entschlof.	Mir hunn déi traureg Flicht, den Doud vun eisem laangjärege Member ….. bekannt ze ginn
An déiwer Trauer musse mir vun dem (vum) / vun der .... Äddi soen.	Mir sinn zudéifst betraff vum vill ze fréien an onerwaarten Doud vun eisem laangjäregen Aarbechtskolleeg / eiser laangjäreger Aarbechtskolleegin.
D'Famill trauert	
Et traueren ëm …………..	Hien / Hatt / Si hannerléisst........
Wéi gëtt d'Persoun bäigesat?	
D'Begriefnes ass an aller Stëll / am enkste Frëndeskrees / am enkste Familljekrees	Mir begleeden …….. op sengem / hirem leschte Wee. D'Mass gëtt an aller Stëll zu …….. gehalen.
Iddie fir weider Sätz an der Annonce	
Mir behalen hien / hatt / si a beschter Erënnerung.	Du hues am Liewe vu ville Persounen eng Spuer hannerlooss, déi ni ka verwëscht ginn.

Du liefs – Hien / Hatt / Si lieft an eisem Häerz éiweg weider.	Du liefs – Hien / Hatt lieft a senge Kanner, Enkelkanner / Si lieft an hire Kanner, Enkelkanner weider.
Mir wëllen net kräischen, well mir dech verluer hunn, mee dankbar sinn, datt mir dech esou laang bei eis haten.	Alles, wat s du ugepaakt hues, hues du mat ganzem Häerz gemaach.
Du waars net nëmmen eng gutt Frëndin / e gudde Frënd, mee och eng gutt Aarbechtskolleegin / e gudden Aarbechtskolleeg, op déi / deen een ënner ziele konnt.	Hien / Hatt / Si war en Deel vun eis, a wäert och ëmmer esou bleiwen.
Remerciement	
Vu ganzem Häerz soe mir eiser Famill, eise Frënn, ….. e grousse Merci fir déi vill Zeeche vu Sympathie a Matgefill, déi eis entgéintbruecht gi sinn.	E grousse Merci fir déi léif Wierder vun Trouscht a Matgefill, déi vill Bäileedskaarten, Är Präsenz a generéis Donen.

2.2 Formuléierunge fir eng Invitatioun / Aluedung

Mir invitéieren dech / iech / Iech häerzlechst

• op

mäi Gebuertsdag, eisen / onsen Hochzäitsdag, e Grillfest, eis / äis / ons Pacsfeier, meng / eis Aweiungsparty, d'Nopeschfest, ...

- an de Restaurant
- bei eis / äis / ons heem
- Fir Gedrénks an Iessen ass gesuergt.
- So(t) mir / eis wgl. bis spéitstens de(n) ..... Bescheed, ob s du komme kanns / ob Dir / dir komme kënnt!
- Ech / Mir feieren .... de Samschdeg, den .... um 20 Auer bei mir / eis doheem.
- Partner, Kanner, Hënn sinn häerzlechst wëllkomm - So(t) mir / eis wgl. Bescheed, ob s du / ob dir / ob Dir eng Zalot, oder en Dessert matbréngs / matbréngt an ob s du / ob dir / ob Dir Fleesch / Fësch ëss / iesst!

OFSO	ZOUSO
Et deet mir / eis leed, mee ech kann net / mir kënnen net kommen.	Villmools Merci fir d'Invitatioun. Mir freeën eis dech / iech / Iech rëmzegesinn.
Leider hunn ech deen Dag / deen Owend schonn eppes.	Super, ech freeë mech.

2.3 Formuléierunge fir eng Hochzäitsinvitatioun

Mir si frou iech matzedeelen, datt mir eis
den 22. August 2026
de 24. August 2026 (*n-Reegel oppassen*)

• zu Steesel op der Gemeng

• zu Iechternach an der Basilika/ an der Kierch

• ënnert fräiem Himmel an enger fräier Zeremonie am Hotel, am Restaurant, am Gaart bei eis doheem bestueden.

No der Mass, no der Zeremonie, no dem Jo-Wuert invitéiere mir iech vu 16 bis 18 Auer op den Aperitif. Dir sidd häerzlechst invitéiert dësen Dag mat eis ze feieren.

Mat eis freeë sech eis Elteren ....

Sot eis wgl. bis den 20. Juni Bescheed, ob dir eis op eisem schéinen Dag begleede kënnt!

Mellt iech wgl. bis den 20. Juni 2026 un, ob dir komme kënnt, entweeder per Mail: louise@lrs.lu oder per Telefon: 641 123 456.

Wann dir eis / Wien eis eng kleng Freed maache wëllt, kënnt dir dat mat engem léiwe Geste op den Hochzäitskont LU........... maachen.

iech, dir → Pluriel / méi wéi eng Persoun

Iech, Dir → Singulier / 3. Persoun / formell

3- DE BRÉIF ODER D'E-MAIL

Uried

Léiwe~~n~~ Felix / Léiwen Här Kieffer,

Léift Chantal,

Léif Madamm Audry, (Madamm = Haaptvariant / Madame = Niewevariant)

Bonjour Madame / Madamm / Här Kohnen,

Moien Eglantine, Moie~~n~~ Lena,

No der Uried gëtt den éischte Buschtaf vum éischte Saz vum Bréif-ufank **kleng**geschriwwen.

Zum Schluss

<table>
<tr><td>Mat beschte Gréiss,</td><td>Mat häerzleche Gréiss,</td><td>Mat frëndleche Gréiss,</td></tr>
<tr><td>Bescht Gréiss,</td><td>Häerzlech Gréiss,</td><td>Léif Gréiss,</td></tr>
<tr><td colspan="3">Häerzlechst,</td></tr>
<tr><td colspan="3">Villmools Merci am <u>V</u>iraus</td></tr>
<tr><td colspan="3">Wënschen dir / Iech nach e schéinen Dag</td></tr>
</table>

ze + Verb mat oder ouni < e >

Beim Wuert „ze" bleift den < e > virum Verb stoen, ausser wann et keng offiziell, informell Texter sinn a beim Verb „iessen".

Vergiess net d'Rechnung ze iwwerweisen!

Mir hun mach vill ze entdecken.

De Marc huet vill Fleesch z'iessen.

4- HÉIFLECHKEETSFORMELEN

Et ass gär geschitt	Ech bieden Iech
watgelift	Villmools Merci
Entschëllegt	Wannechgelift (wgl.)
Et freet mech	Enchantéiert

Sou, dat war d' Theorie.
Elo gëtt et Zäit ze iwwerpréiwen, ob Dir den Duerchbléck hutt an dat, wat Dir geléiert hutt, och an d'Praxis ëmsetze kënnt.

Aufgaben

AUFGABEN

Vokaler

Aufgab 1: *Iwwersetzt dës Sätz a passt op de Vokal op*

Das Abendessen hat geschmeckt.

Könntest du die Katze füttern?

Das ist das Ende vom Lied!

Der Musiker hat jeden Tag viel geübt.

Ich koche heute Tomatensuppe.

Der Tag könnte 48 Stunden haben! *(D'Zuel ausschreiwen)*

Brauchst du ein Pflaster?

Sie hatte noch nie Glück in ihrem Leben (3. Pers. Sing. informell).

Das wäre ja mega süss!

____

So stark ist meine Liebe für euch!

____

Das hast du jetzt schön gesagt!

____

Ich sitze an der Küste und genieße das Meer.

____

Aufgab 2: *Iwwersetzt a passt op de Vokal op*

< a > oder < aa >	
Däitsch	**Lëtzebuergesch**
der Tag	
die Unterkunft	
scharf	
lachen	
der Schal	
das Auge	
die Katze	
der Anwalt	
der Affe	

< o > oder < oo >	
Däitsch	**Lëtzebuergesch**
atmen	
die Bedrohung	
das Symptom	
die Abneigung	
der Narr	
nah	
die Plage	
schlafen	
die Absage	

< u > oder < uu >	
Däitsch	**Lëtzebuergesch**
gut	
der Joghurt	
die Musik	
die Tüte	
das Wort	
die Lampe	
die Kugel	
der Fuchs	
der Ort	

< i > oder < ii >	
Däitsch	**Lëtzebuergesch**
die Himbeere	
der Kaffee	
der Liebling	
de Bär	
das Essen	
sieben	
das Gesicht	
die Nachricht	
die Kirmes	

Aufgab 3: *Wéi ee Buschtaf fëlle mir an?*

< e >, < ee >, < é >, < ë >

Du hast deinen Fehler leider zu spät bemerkt.

____

Er kauft Eier, um ein Spiegelei zu kochen.

____

Man sollte Tiere nicht im Käfig halten.

____

Im Winter brauche ich immer eine dicke Decke.

Ich habe die Regeln jetzt endlich verstanden.

Seine Schwester hat zwei kleine Kaninchen.

Gegen Migräne helfen mir nur sehr starke Pillen.

Wir freuen uns dich am Dienstag zu treffen.

Morgens muss ich immer einen Orangensaft trinken.

Aufgab 4: *Fëllt de richtegen Diphthong an*

< ei > oder < ai > oder < éi > oder < äi >?

Ech hu scho vill b........gel........ert.

Vergiess ni w........ sch........n, dass du bass!

D'Reesen ass meng grouss L........ft!

Z........tlech gesinn ech do kee Probleem.

De Bauer fiert mam M........drescher.

D'Plëss war schwaarz vu L........t.

Am l........fste sëtzen ech owes b....m F....er.

Mir kruten ....s (Possessivpronomen: kuckt Säit 8) P........ vum Dezember nach net.

M........~~n~~ Frënd schl........ft ëmmer laang.

Kann ech wgl. nach m........ Zooss kr........en.

Aua, ech gouf vun enger B........ gepickt!

S........ (Possessivpronomen: kuckt Säit 8) W........~~n~~ muss ëmmer kal zerw........ert ginn.

Et gouf h........ch Z........t, dass du waakreg gi bass.

N....erdéngs duerf ee just nach zu zwee b........ee sinn.

Ech hu mech a seng Aart a W........s verl........ft.

Konsonanten

Aufgab 5: *Schreift en < r >, wann Dir mengt et feelt een*

den Hie........scht	fue........schen	d'Fie........der
d'Käe........z	bie........den	d'Gue........gel
d'Fie........dem	lie........wen	mie........ssen
d'Due........chter	fie........men	Lëtzebue........ger
d'Häe........z	fue........deren	d'Gebäe........desprooch

Aufgab 6: n-Reegel:

Text: *Sträicht den < n > oder < nn > no der n-Reegel duerch*

Text 1

Et kënnt am Liewen oft anescht ewéi een mengt. D'Liewen hält vill Iwweraschungen fir eis parat. Et lisst een et am beschten op een zoukommen. Et kann souwéisou keen eppes änneren. Dofir ass deen beschten Rot, datt een säin Liewen lieft ewéi wann muer deen leschten Dag ass. Trotzdeem duerf een den Verstand net vergiessen. Et soll een méi laachen, méi léif mateneen sinn, sech net iwwer onnéideg Saachen opreegen, den Moment vill méi genéissen, an sech selwer net ze vill eescht huelen.

Text 2

Den Weekend hunn ech Gebuertsdag, dann kréien ech meng 30 Joer. Mee ech feieren keen Gebuertsdag. All déi etlech Froen. Wat soll ech organiséieren? Wien soll ech alueden? Wéini soll gefeiert ginn? Ech weess elo, ech fléien an Spuenien. Meng Fréndinnen froen ech och fir mat. Mir fléien vun en Freideg den Nomëtteg bis en Sonndeg den Mëtteg op Barcelona. Hunn mir alles an der Wallis? Wann net, dann kafen mer de Rescht dohannen. An elo kann d'Rees lassgoen.

Aufgab 7: Wéi schreiwen ech ....?

Ëmkreest d'Haaptvariant vum Wuert oder déi korrekt Form

de Führerschäin	de Fürerschäin
d'Erfarung	d'Erfahrung
wahrscheinlech	warscheinlech
de Fehler	de Feeler
d'Regel	d'Reegel
d'Ahnung	d'Anung
änlech	*ähnlech*
de Wahnsinn	de Wansinn
während	wärend

Aufgab 8: *Fëllt déi richteg Buschtawen an?*

< s >, < ss >, < tz >, < z >

Dat fannen ech immen........ .

Gë........ du nach een........ .

Säi Papp gouf vum Blë........ getraff.

Ech hat scho laang net méi sou vill Spaa........ .

Bleif do, ech kommen direkt op d'Pla........ .

Hue........ du dem Hue........ z'iesse ginn?

Ech hu kee schlecht Gewë........en!

Du hues nach Bla........ an dengen Aen.

Ech ka mir e Liewen ouni Mu........ek net virstellen.

Et ass kal, do deng Mu........ un.

Aufgab 9: Wéi schreiwen ech ....?

Sträicht dat falscht Wuert duerch

< b > oder < p >?		
d'Kab	oder	d'Kap
den Job	oder	den Jop
de Wabb	oder	de Wapp
de Schabb	oder	de Schapp
tobb	oder	topp

< w > oder < f >?		
de Léiw	oder	de Léif
de Buschtaw	oder	de Buschtaf
d'Scheiw	oder	d'Scheif
d'Prouw	oder	d'Prouf
d'Äntwert	oder	d'Äntfert

< d > oder < t >?		
gudd	oder	gutt
d'Leed	oder	d'Leet
follgend	oder	follgent
wond	oder	wont
den Zand	oder	den Zant

< z > oder < tz >?		
d'Faz	oder	d'Fatz
d'Daz	oder	d'Datz
den Uz	oder	den Utz
de Wuz	oder	de Wutz
de Kauz	oder	de Kautz

< v > oder < f >?		
vreckt	oder	freckt
Vältesdag	oder	Fältesdag
vir	oder Däitsch: für	fir
vill	oder	fill
positiv	oder	positif

< g > oder < ch > oder < k >?		
waakreg	oder	waakrech
Krëschtdag	oder	Chrëschtdag
Bag	oder	Bak
Zug	oder	Zuch
de Vugel	oder	de Vuchel

< sch > oder < ch >?		
d'Nuescht	oder	d'Nuecht
de Bësch	oder	de Bëch
technesch	oder	technech
d'Këscht	oder	d'Këcht
d'Biischt	oder	d'Biicht

Aufgab 10: De Pluriel

Setzt follgend Wierder an de Pluriel

Singular	Pluriel
de Maulef	
d'Equipe	
d'Chargée	
de Cours	
d'Frëndin	
de Musée	
d'Kritik	
de Café	
den État de crise	
de Coup	

Fëllt de Pluriel aus dem Tableau a follgend Sätz an

1. .... gesinn net gutt.

2. .... kënnen haut net untrieden.

3. .... schaffe ganz vill.

4. .... sinn haut all ausgefall.

5. .... ginn haut an d'Stad een drénken.

6. .... mussen hir Dieren zoumaachen.

7. .... sinn onberechtegt.

8. .... musse wärend dem Lockdown zoubleiwen.

9. .... si wéinst der Pandemie weltwäit ausgeruff ginn.

10. Dat do ware schéi .... an de Mo.

Aufgab 11: Verben

Setz déi richteg Konjugatioun vum Verb am Present an

1. De Louis .... (gesinn) e Kéiseker am Gras.

2. Hie(n) .... (entscheeden), wou déi nächst Vakanz higeet.

3. .... (sinn) Dir haut doheem?

4. De Bong fir de Wellness .... nach bis Juni 2024. (gëllen)

5. Dir .... am Stationéierungsverbuet. (halen)

6. De Claude ass iwwert seng eege .... (falen)

7. De Plackespiller .... (opginn) de Geescht ....

8. Haut sinn ech nach net .... (skaten)

Aufgab 12: Zesummen- oder auserneegeschriwwen?

Sträicht dat falscht Wuert duerch

1. Du kanns däin Auto an den Haff erafueren / era fueren.
2. Ech hu seng Elteren nach net kennegeléiert / kenne geléiert.
3. Si wäerten ni méi zesummekommen / zesumme kommen.
4. Hien huet deeselwechten / dee selwechte Pullover wéi den Tom.
5. Bei dir fillt et sech un, wéi wann ech heemkommen / heem kommen.
6. Ech hunn iergendeen / iergend ee gefrot.
7. D'Lou ass iwwerglécklech / iwwer glécklech.
8. Ech wëll dech gär erëmgesinn / erëm gesinn.
9. Hatt mécht sech ëmmer zevill / ze vill Gedanken.
10. De Bop kann no der Operatioun erëmgesinn / erëm gesinn.
11. Hie war schnéiwäiss / schnéi wäiss am Gesicht.
12. Hatt huet een dafstomme/ daf stomme Brudder.
13. D'Nala mécht mech allkéiers / all kéiers waakreg.
14. De Simba ass gradesou / grad esou schlëmm.
15. Dat ass mäin doudeescht / doud eescht.

Aufgab 13: Grouss- oder klenggeschriwwen?

Sträicht dat falscht Wuert duerch

1. Den Jamie huet ugefaangen mat laachen / Laachen.
2. Et deet mir déck /Déck hien esou ze gesinn.

3. Hatt war gëschter Owend / owend nach beim Elisa.

4. Mat dir ginn ech duerch Déck an Dënn / duerch déck an dënn.

5. Wëlls du wäisse / Wäisse Wäi bei de Fësch?

6. Dat Bescht/ bescht kënnt zum Schluss.

7. Déi Meescht /meescht vun eis ginn nom Lockdown an den Theater.

8. De Film Fir dech / fir dech reesen ech bis un d'Enn vun der Welt kënnt 2021 eraus.

9. Mir hunn hinnen et all / All bewisen.

10. Hues du haut nach wëlles / Wëlles opzestoen?

11. D'Ann ass am Gaang / am gaang ze surfen.

12. Ech hunn ëmmer donneschdes / Donneschdes fräi.

13. Hues du haut schonn eppes waarmes / Waarmes giess?

14. Ech weess net vill iwwert d'Schwäizer / d'schwäizer Kantoner.

15. De Polizist freet no der Groer / groer Kaart.

OPLÉISUNG

Vokaler

Aufgab 1: *Iwwersetzt dës Sätz a passt op de Vokal op*

1. Das Abendessen hat geschmeckt.
   D'Owesiessen / D'Nuechtiessen huet geschmaacht.

2. Könntest du die Katze füttern?
   Kéints du d'Kaz fidderen?

3. Das ist das Ende vom Lied!
   Dat ass de Schluss / d'Enn vum Lidd!

4. Der Musiker hat jeden Tag viel geübt!
   De Museker huet all Dag vill geüübt!

5. Ich koche heute Tomatensuppe.
   Ech kachen haut Tomatenzopp.

6. Der Tag könnte 48 Stunden haben!
   Den Dag kéint aachtavéierzeg Stonnen hunn!

7. Brauchst du ein Pflaster?
   Brauchs du eng Plooschter?

8. Sie hatte noch nie Glück in ihrem Leben.
   Hatt hat nach ni Gléck a sengem Liewen.

9. Das wäre ja mega süss!
   Dat wier jo mega süüss! (séiss / süss)

10. So stark ist meine Liebe für euch!
Sou staark ass meng Léift fir iech!

11. Das hast du jetzt schön gesagt!
Dat hues du elo schéi gesot!

12. Ich sitze an der Küste und genieße das Meer.
Ech sëtzen un der Küst a genéissen d'Mier.
(Den LOD gëtt d'Wuert *Côte* net als Variant un- Stand Dez. 2020)

Aufgab 2: *Iwwersetzt a passt op de Vokal op*

< a > oder < aa >	
Däitsch	**Lëtzebuergesch**
der Tag	den D**a**g
die Unterkunft	den Ënnerd**aa**ch
scharf	sch**aa**rf
lachen	l**aa**chen
der Schal	de Sch**a**l
das Auge	d'**A**
die Katze	d'K**a**z
der Anwalt	den **A**ffekot
der Affe	den **A**f

< o > oder < oo >	
Däitsch	**Lëtzebuergesch**
atmen	**oo**tmen
die Bedrohung	d'Bedr**o**ung
das Symptom	d'Sympt**o**m
die Abneigung	d'**O**fneigung
der Narr	de Fuesb**o**k
nah	n**o**
die Plage	d'Pl**o**
schlafen	schl**o**fen
die Absage	d'**O**fso

< u > oder < uu >	
Däitsch	**Lëtzebuergesch**
gut	g**u**tt
der Joghurt	de Jugh**u**rt / Jug**u**rt
die Musik	d'M**u**sek
die Tüte	d'T**u**t
das Wort	d'W**u**ert
die Lampe	d'L**uu**cht
die Kugel	d'K**u**gel
der Fuchs	de F**uu**ss
der Ort	den **U**ert

< i > oder < ii >	
Däitsch	**Lëtzebuergesch**
die Himbeere	d'Hammb**i**er
der Kaffee	de Kaff**i**
der Liebling	de L**i**bling
de Bär	de B**i**er
das Essen	d'**I**essen
sieben	s**i**wen
das Gesicht	d'Ges**ii**cht
die Nachricht	d'Nor**ii**cht
die Kirmes	d'K**i**ermes

Aufgab 3: *Wéi ee Buschtaf fëlle mer an?*

< e >, < ee >, < é >, < ë >

Du hues däi Feeler leider ze spéit bemierkt.

Hie keeft Eeër, fir e Spigelee ze kachen.

Et soll een Déieren net am Keefeg halen.

Am Wanter brauch ech ëmmer eng déck Decken.

Ech hunn d'Reegelen elo endlech verstanen.

Seng Schwëster huet zwou kleng Kanéngercher.

Géint Migrän hëllefe mir nëmme ganze staark Pëllen.

Mir freeën eis dech en Dënschdeg ze treffen.

Moies muss ech ëmmer en Orangëjus drénken.

Aufgab 4: *Fëllt de richtegen Diphthong an*

< ei > oder < ai > oder < éi > oder < äi >?

1. Ech hu scho vill bäigeléiert.

2. Vergiess ni wéi schéin, dass du bass!

3. D'Reesen ass meng grouss Léift!

4. Zäitlech gesinn ech do kee Probleem.

5. De Bauer fiert mam Méidrescher.

6. D'Plëss war schwaarz vu Leit.

7. Am léifste sëtzen ech owes beim Feier.

8. Mir kruten eis/äis richteg Pai nach net.

9. Mäi Frënd schléift ëmmer laang.

10. Kann ech wgl. nach méi Zooss kréien.

11. Aua, ech gouf vun enger Bei gepickt!

12. Säi Wäi muss ëmmer kal zerwéiert ginn.

13. Et gouf héich Zäit, dass du waakreg gi bass.

14. Néierdéngs duerf ee just nach zu zwee beienee sinn.

15. Ech hu mech a seng Aart a Weis verléift.

Aufgab 5: *Schreift en < r >, wann Dir mengt et feelt een*

den Hierscht	fuerschen	d'Fieder
d'Käerz	bieden	d'Guergel
d'Fiedem	liewen	miessen
d'Duechter	fiermen	Lëtzebuerger
d'Häerz	fuerderen	d'Gebäerdesprooch

Aufgab 6: n-Reegel:

Text: *Sträicht den < n > oder < nn > no der n-Reegel duerch*

Text 1

Et kënnt am Liewen oft anescht ewéi ee~~n~~ mengt. D'Liewen hält vill Iwweraschunge~~n~~ fir eis parat. Et lisst een et am beschten op een zoukommen. Et ka~~nn~~ souwéisou keen eppes änneren. Dofir ass dee~~n~~ beschte~~n~~ Rot, datt ee~~n~~ säi~~n~~ Liewe~~n~~ lieft ewéi wa~~nn~~ muer dee~~n~~ leschten Dag ass. Trotzdeem duerf ee~~n~~ de~~n~~ Verstand net vergiessen. Et soll ee~~n~~ méi laachen, méi léif matenee~~n~~ sinn, sech net iwwer onnéideg Saachen opreegen, de~~n~~ Moment vill méi genéissen, a~~n~~ sech selwer net ze vill eescht huelen.

Text 2

De~~n~~ Weekend hunn ech Gebuertsdag, da~~nn~~ kréien ech meng 30 Joer. Mee ech feiere~~n~~ kee~~n~~ Gebuertsdag. All déi etlech Froen. Wat soll ech organiséieren? Wie~~n~~ soll ech alueden? Wéini soll gefeiert ginn? Ech weess elo, ech fléien a~~n~~ Spuenien. Meng Frëndinne~~n~~ froen ech och fir mat. Mir fléie~~n~~ vun e~~n~~ Freideg den Nomëtteg bis e~~n~~ Sonndeg de~~n~~ Mëtteg op Barcelona. Hu~~nn~~ mir alles an der Wallis? Wann net, da~~nn~~ kafe~~n~~ mer de Rescht dohannen. An elo kann d'Rees lassgoen.

Aufgab 7: Wéi schreiwen ech ....?

Ëmkreest d'Haaptvariant vum Wuert oder déi korrekt Form

de Führerschäin	de Fürerschäin
d'Erfarung	d'Erfahrung
wahrscheinlech	warscheinlech
de Fehler	de Feeler
d'Regel	d'Reegel
d'Ahnung	d'Anung
änlech	*ähnlech*
de Wahnsinn	de Wansinn
während	wärend

Aufgab 8: *Fëllt déi richteg Buschtawen an?*

< s >, < ss >, < tz >, < z >

Dat fannen ech immens.

Gëss du nach eens.

Säi Papp gouf vum Blëtz getraff.

Ech hat scho laang net méi sou vill Spaass .

Bleif do, ech kommen direkt op d'Plaz .

Hues du dem Hues z'iesse ginn?

Ech hu kee schlecht Gewëssen!

Du hues nach Blatz an dengen Aen.

Ech ka mir e Liewen ouni Musek net virstellen.

Et ass kal, do deng Mutz un.

Aufgab 9: Wéi schreiwen ech ....?

Sträicht dat falscht Wuert duerch

< b > oder < p >?		
	oder	d'Kap
den Job	oder	
	oder	de Wapp
	oder	de Schapp
	oder	topp

< w > oder < f >?		
de Léiw	oder	
	oder	de Buschtaf
	oder	d'Scheif
	oder	d'Prouf
d'Äntwert	oder	

< d > oder < t >?		
	oder	gutt
d’Leed	oder	
follgend	oder	
wond	oder	
	oder	den Zant

< z > oder < tz >?		
	oder	d’Fatz
	oder	d’Datz
den Uz	oder	
	oder	de Wutz
	oder	de Kautz

< v > oder < f >?		
vreckt	oder	
Vältesdag	oder	
	oder Däitsch: für	fir
vill	oder	
positiv	oder	

< g > oder < ch > oder < k >?		
waakreg	oder	
	oder	Chrëschtdag
	oder	Bak
	oder	Zuch
de Vugel	oder	

< sch > oder < ch >?		
	oder	d'Nuecht
de Bësch	oder	
technesch	oder	
d'Këscht	oder	
d'Biischt	oder	

Aufgab 10: De Pluriel

Setzt follgend Wierder an de Pluriel

Singular	Pluriel
de Maulef	d'Maulefen
d'Equipe	d'Equippen
d'Chargée	d'Chargéeën
de Cours	d'Coursen
d'Frëndin	d'Frëndinnen
de Musée	d'Muséeën
d'Kritik	d'Kriticken

de Café	d'Caféen
den État de crise	d' État-de-crisen
de Coup	d'Ki

Fëllt de Pluriel aus dem Tableau a follgend Sätz an

1. D'Maulefe gesinn net gutt.

2. D'Equippe *kënnen haut net untrieden.*

3. D'Chargéeë schaffe ganz vill.

4. D'Coursë sinn haut all ausgefall.

5. D'Frëndinne ginn haut an d'Stad een drénken.

6. D'Muséeë mussen hir Dieren zoumaachen.

7. D'Kriticke sinn onberechtegt.

8. D'Caféë musse wärend dem Lockdown zoubleiwen.

9. D' État-de-crisë si wéinst der Pandemie weltwäit ausgeruff ginn.

10. Dat do ware schéi Ki an de Mo.

Aufgab 11: Verben

Setz déi richteg Konjugatioun vum Verb an

1. De Louis gesäit e Kéiseker am Gras.

2. Hien entscheet, wou déi nächst Vakanz higeet.

3. Sidd Dir haut doheem?

4. De Bong fir de Wellness gëllt nach bis Juni 2024.

5. Dir haalt am Stationéierungsverbuet.

6. De Claude ass iwwert seng eege Schlappe gefall.

7. De Plackespiller gëtt de Geescht op.

8. Haut sinn ech nach net geskate.

Aufgab 12: Zesummen- oder auserneegeschriwwen?
Sträicht dat falscht Wuert duerch

1. Du kanns däin Auto an den Haff erafueren.

2. Ech hu seng Elteren nach net kenne geléiert.

3. Si wäerten ni méi zesummekommen.

4. Hien huet dee selwechte Pullover wéi den Tom.

5. Bei dir fillt et sech un, wéi wann ech heemkommen.

6. Ech hunn iergendee gefrot.

7. D'Lou ass iwwerglécklech.

8. Ech wëll dech gär erëmgesinn.

9. Hatt mécht sech ëmmer ze vill Gedanken.

10. De Bop kann no der Operatioun erëm gesinn.

11. Hie war schnéiwäiss am Gesiicht.

12. Hatt huet een dafstomme Brudder.

13. D'Nala mécht mech allkéiers waakreg.

14. De Simba ass gradesou schlëmm.

15. Dat ass mäin doudeescht.

Aufgab 13: Grouss- oder klenggeschriwwen?
Sträicht dat falscht Wuert duerch

1. Den Jamie huet ugefaange mat laachen.

2. Et deet mir déck hien esou ze gesinn. (déckdoen)

3. Hatt war gëschter Owend nach beim Elisa.

4. Mat dir ginn ech duerch déck an dënn.

5. Wëlls du Wäisse Wäi bei de Fësch?

6. Dat Bescht kënnt zum Schluss.

7. Déi meescht vun eis ginn nom Lockdown an den Theater.

8. De Film Fir dech reesen ech bis un d'Enn vun der Welt kënnt 2021 eraus.

9. Mir hunn hinnen et all bewisen.

10. Hues du haut nach wëlles opzestoen?

11. D'Ann ass am Gaang ze surfen.

12. Ech hunn ëmmer donneschdes fräi.

13. Hues du haut schonn eppes Waarmes giess?

14. Ech weess net vill iwwert d'Schwäizer Kantoner.

15. De Polizist freet no der Groer Kaart.

Vill Freed beim
richteg Lëtzebuergesch schreiwen

A wann Dir elo nach onsécher sidd, da gitt op de Lëtzebuerger Online Dictionnaire

www.lod.lu

www.spellchecker.lu